Mis más sinceras disculpas
a Martha Graham

OLIVIA

y las
princesas

Ian Falconer

LECTORUM
PUBLICATIONS, INC.

Olivia está deprimida.

—Creo que tengo una crisis
de identidad —les dice a sus papás—.

¡No sé qué quiero ser!

—¡Pues tú siempre serás
mi princesita! —responde su papá.

—Ése es justo el problema:
todas las niñas quieren ser
princesas —refunfuña Olivia.

—En el cumpleaños de Pipa todo el mundo traía falditas brillosas, coronas y varitas mágicas, ¡hasta los varones!

—En cambio, yo llevaba blusa a rayas, pantalones de torero, zapatillas negras, mi collar de perlas, lentes oscuros, un gran sombrero y, por supuesto, mi bolsita roja.

—¿Y por qué siempre princesas vestidas de rosado?
¿Por qué no una princesa india, tailandesa, africana o china?

—Hay *otras* alternativas.

—Todos querían ser la princesa
en el festival de danza de la escuela.
¡Hasta los varones!

—Pero, Olivia —le recuerda
su mamá—, el año pasado tú
también querías ser la princesa.

—Sí, pero ahora
ya soy grande.

—Ahora busco un estilo más original, más moderno.

—Olivia, a bañarse —ordena su mamá.

—Ay, mami, ¿y sabes de qué
se disfrazaron las niñas en
Halloween? —pregunta Olivia.

—¿De princesas?

—¡Sí! ¡De princesas!

—Yo me
disfracé
de jabalí…

... y funcionó
perfecto.

—Ahora que todas quieren
ser princesas, ¡ser princesa
es lo más aburrido del
mundo! —exclama Olivia.—

¿Por qué todas
quieren ser
iguales, mami?

Antes de dormir, la mamá de Olivia le cuenta la historia de una doncella muy bonita a la que una bruja mala encerró en una torre.

—Hasta que vino un príncipe a rescatarla y la hizo su…

—¡No! ¡Su princesa no! —grita Olivia.

—Basta —dice su mamá un poco cansada de la discusión—. Entonces te contaré el cuento de *La niña de los cerillos:* "Había una vez una niña que vendía cerillos descalza en la nieve".

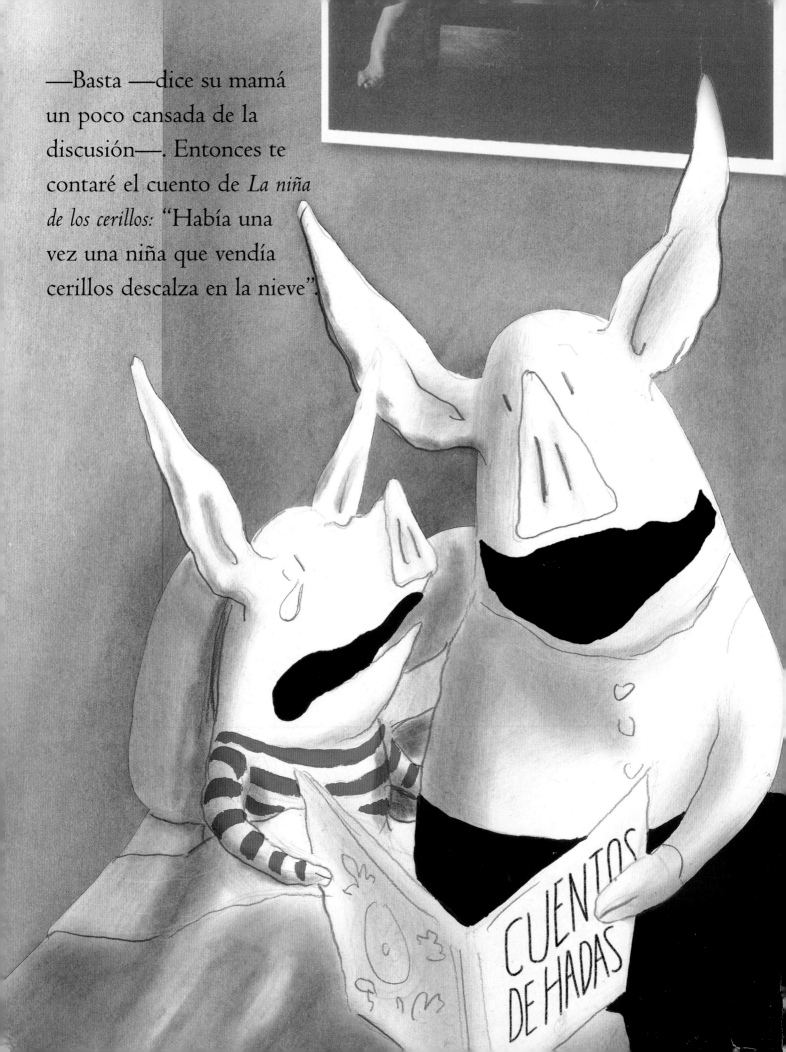

"Los cerillos la protegían del frío,
pero se apagaban demasiado
rápido…"

—Ay, mami, ¡es tan triste! —dice Olivia apenada—.
Quizá no quiera ser una princesa, pero tampoco me
gustaría helarme en la nieve.

—Lo que YO quiero es verte DORMIDA en cinco
minutos —exige la mamá de Olivia.

—Pero primero léeme el cuento de Caperucita Roja —ruega Olivia.

—No, Olivia, duérmete ya.

—Sólo la parte
en la que se comen
a todos. Ándale,
mami, por favor.

—No, cariño.
Te apago la luz.

Una vez a oscuras Olivia trata de dormirse,
pero la cabeza le da vueltas y vueltas.

—Tal vez podría ser enfermera
y cuidar viejitos y enfermos.

—Podría usar a mis hermanos para hacerles vendajes.

Y aplicar otros tratamientos.

—¡O podría adoptar niños de todo el mundo!

También podría ser reportera y mostrarle al mundo las trampas de los poderosos.

—Mmm. . .

De pronto a Olivia se le ocurre
una gran idea...
—¡Ya sé! —grita emocionada.

—¡Quiero ser reina!